나무에 새긴
간절한 희망

| 팔만대장경 편 |

1판 1쇄 발행 2021년 1월 31일

글 김기정 | 그림 장경혜 | 펴낸곳 한권의책 | 펴낸이 김남중
교정 한지연 | 디자인 나비 | 스캔 공간
주소 (우)03968 경기도 파주시 노을빛로 109-26(202호)
출판등록 제406-2510020110003317호
전자우편 knamjung@hanmail.net
전화 031-945-0762 | 팩스 031-946-0762

김기정·장경혜 ⓒ2021

ISBN 979-11-85237-48-0 74810
ISBN 979-11-85237-41-1 (세트)

이 책의 글과 그림은 저작권법에 의하여 보호받는 저작물입니다.
잘못 만들어진 책은 구입하신 곳에서 바꾸어 드립니다.

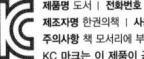

나무에 새긴 간절한 희망

| 팔만대장경 편 |

장경혜 그림
김기정 글

| 차례 |

실랑이 8

보물 구경 12

수기 대사 24

팔만대장경 32

아버지와 아들 44

얄리얄리 얄랑셩 58

야무와 꼬순이 65

| 역사의 한 순간 | 68

시간 여행을 다녀올 때마다 돌멩이가 하나씩!
빛나는 돌은 이돌과 어떤 관계가 있는 것일까요?
수수께끼를 풀려면, 이 여행을 멈춰서는 안 돼요.

실랑이

이돌이 초록 문 얘기를 했을 때, 자야는 믿지 않았어요.

"장난치지 마. 나니까 들어 주는 거야."

하지만 한 시간 뒤, 두 아이는 골목길로 접어들고 있었습니다.

곳곳에 잡초가 무성했고 뭔가가 튀어나올 것만 같았어요. 어지간한 호기심이 아니었다면 자야는 이런 음침한 곳에 한 발도 들여놓지 않았을 거예요.

"이왕이면 공주나 왕자를 만나야지, 세종 대왕이랑 이순신 장군이 뭐니. 재미없어!"

자야의 말에 이돌이 볼멘소리를 했어요.

"나도 재미로 만난 건 아냐."

맞아요. 만약 이돌이 시간 여행을 맘대로 고를 수 있었다면 얘기는 달라졌어요.

홍길동한테 도술 배워 오기, 신라 황금 보물 찾기, 그리고 서른아홉 살 아빠 만나기…….

이상한 건, 초록 문 너머 세상을 마주할 때마다 무섭고 떨리는데도 왠지 이 여행을 멈출 수 없다는 거예요.

드디어 초록 대문 앞이에요.

이돌은 숨을 고르고 자야를 돌아보았어요. 조잘대던 자야는 눈을 동그랗게 떴습니다.

"정말 저 안으로 들어가면, 과거 세상이야?"

이돌이 고개를 끄덕이자, 자야가 한 발 물러서며 말

했어요.

"이돌, 너부터 들어가."

"같이 들어가는 거 아니었어?"

"내가 그런 바보짓을 왜 하니?"

자야는 팔짱을 끼고 고개를 획 돌렸어요. 겁먹은 게 분명해요. 어쩌겠어요? 이돌도 매번 떨리긴 마찬가지니까.

"알았어. 대신 바로 뒤따라와야 해!"

이돌은 초록 문을 밀고 안으로 들어섰습니다.

보물 구경

몇 걸음 떨어진 곳에 흐릿한 그림자들이 어지럽게 움직이고 있어요. 이돌은 아직 손가락 하나 까딱할 수가 없어요. 그때 귓가에 들린 목소리는 쇳소리 같았습니다.
"눌지, 잊지 마라. 해가 바다에 닿을 때야."
…….
이어 발소리가 멀어지고 사방이 조용해졌어요.
차츰 안개 같은 게 걷히면서 이돌 앞에 넙데데한 얼

굴이 보였어요. 더벅머리에 코 밑에 거뭇한 수염, 서글서글한 눈이 이돌을 내려다보고 있었어요.

"야무! 출발이다."

야무? 이상한 이름이지만 이돌은 그러려니 했어요. 앞에 있는 이는 좀 전의 그 눌지일 거라고 짐작했습니다.

눌지는 지게를 진 채, 소나무 숲 사이를 성큼성큼 앞서 나갔어요. 지게엔 궤짝 하나가 실려 있어요.

아차!

그제야 이돌은 주위를 살폈어요. 자야! 어디에도 보이지 않았습니다. 자야는 초록 문으로 들어서지 않은 걸까?

'쳇, 겁쟁이.'

뭐, 어쩌겠어요?

숲을 빠져나오자, 언덕 아래로 바다가 펼쳐졌습니다. 바닷가로 사람들이 모여들고 있었어요. 산과 언덕

과 길에 기다랗게 사람들의 행렬이 이어졌습니다.

눌지는 뭐가 불만인지 실룩댔어요.

"쳇, 꾸역꾸역 모여드네."

이돌이 처음으로 입을 뗐어요.

"오늘이 무슨 날이에요?"

눌지는 입을 삐죽빼죽했어요.

"배가 들어오는 날이잖아. 수십 척 배에다가 보물을 가득 실었다더라."

"보물이라고?"

"그려, 왕족이나 귀족 놈들은 배불리 처먹고 보물을 창고에 쌓아 두지. 헤헤, 오늘은 아닐껴. 해가 저물면 저 배에 있는 보물은 내 거다."

이돌이 놀라 물었어요.

"보물을 훔치는 거예요?"

"아무렴 어떠냐. 나라가 곧 망할 텐데. 보물 같은 건 먼저 차지하는 놈이 임자야."

도둑? 이돌은 조금 전 어른거리던 그림자가 한 말이 떠올랐습니다.

'해가 바다에 닿을 때!'

그렇다면 내가 도둑 무리 속에 있는 건가?

이돌은 오금이 저려 왔습니다.

눌지는 바닷가를 내려다보며 빈정거리듯 말했어요.

"야무야, 저기 저 거지 꼬락서니 좀 봐라. 배알도 없는 자들이야. 보물 구경하겠다고 먼 길을 달려오다니. 백성들은 굶어 죽고 칼에 베어 죽고 물에 빠져 죽는 세상이다. 한데도 왕이랑 귀족 놈들은 잔치나 벌이고 있으니. 진즉 고려는 몽골군한테 쫄딱 망했어야 해. 에잇, 퉤!"

눌지는 가래침을 뱉더니 발로 짓이겼어요.

고려? 몽골?

이돌이 아는 고려 시대는 까마득하기만 했죠. 자야가 옆에 없는 게 아쉬웠어요. 자야 방 책꽂이엔 역사

인물책이 서른 권이나 꽂혀 있거든요. 하지만 지금은 그걸 따질 겨를이 없어요. 눌지는 지게를 졌는데도 굉장히 빨랐답니다.

바닷가에 다다를수록 사람들은 점점 더 많아졌습니다. 그 앞에 높다란 성벽이 바다를 가로막고 우뚝 서 있었어요.

눌지 얼굴이 바짝 긴장한 듯했어요. 이돌의 귀에 대고 속삭였어요.

"야무야, 저 앞에 무섭게 생긴 놈 보이냐?"

성문 앞엔 우람한 몸집에 눈이 부리부리한 병사가 창을 들고 버티고 서 있었죠.

"저자가 막부장이다. 몽골 기마병을 셋이나 맨손으로 때려잡은 장수라더라. 막부장만 무사히 통과하면 돼. 아까 내가 이른 대로 해야 한다."

뭘 하라는 걸까? 이돌이 물어볼 새도 없이 눌지는 사람들 사이를 비집고 나아갔습니다.

막부장이 우악스레 가로막고 소리쳤어요.

"멈춰라! 웬 놈이냐?"

눌지는 지게를 태연히 내려놓더니, 덩치가 곱절은 큰 막부장을 빤히 올려다보았어요. 그러곤 겁도 없이 반말을 해 대는 것이었습니다.

"안골 큰마님 댁서 왔수. 우릴 들여보내 줘야 할 거유. 얘가 수기 대사 하나뿐인 조카여."

이돌은 눈을 질끈 감았어요.

불벼락이 떨어질 줄 알았는데 외려 막부장은 말까지 더듬거리잖아요.

"수…… 수기 대사님이라고?"

막부장은 눈을 크게 떴고 눌지는 그것 보란 듯이 한껏 기가 살았어요.

"우리 큰마님께서 손수 떡을 지어 보내셨수."

그러곤 눌지는 야무 쪽을 보며 턱으로 신호를 보냈습니다.

뭐라는 거지? 이돌은 답답할 수밖에요.

곧이어 막부장 얼굴이 일그러지며 호통을 치려는 찰나였을 거예요. 눌지가 껑충 뛰어와서 이돌 가슴을 헤집었어요.

"아휴, 답답아. 어서 꺼내라고."

옷섶에서 종잇장이 나왔습니다.

이돌은 억울한 표정을 지었지만 눌지는 혀를 찰 뿐이었어요. 이내 막부장에게 종잇장을 내밀었어요.

"이것 보슈. 이건 수기 대사님이 보름 전 큰마님께 보낸 편지고, 요건 큰마님께서 오늘 새벽에 쓴 답장 이유."

편지를 읽어 내려가던 막부장 입이 순간 쩍 벌어졌습니다.

"허허, 수기 대사님 조카라니."

성문을 나서자, 수십 척의 배들이 한눈에 들어왔습

니다.

　막부장은 앞장서 걸으며 너스레를 떨었어요.

　"히야, 내가 수기 대사님 조카를 직접 보다니, 영광일세. 헤헤."

　눌지는 이돌에게 투덜댔어요.

　"쳇, 야무야, 너는 할머니랑 작은아버지라도 있지, 난 아무도 없다."

　이돌이 대꾸했어요.

　"부모가 없나?"

　눌지는 멈칫 서서 눈을 끔쩍댔습니다.

　"이 자식, 오늘 뭐 잘못 먹었나, 뭔 개떡 같은 소리여? 너나 나나 부모 없어도 넌 큰마님이랑 그 유명한 수기 대사가 있단 말이지. 작은아버지 말이여."

　그러곤 입술을 잘근잘근 씹어 대며 혼잣말처럼 중얼거렸어요.

　"우라질, 우리 아버지는 바다에 빠져 죽고 어머니

는 화병으로 돌아가시고 나 혼자뿐이여. 잘난 고려가 폭삭 망해도 내 알 바 아니지. 난 보물이나 챙겨서 떵떵거릴 테다."

원망이 잔뜩 묻어나는 목소리였어요.

눌지는 정말 보물을 훔치려는 걸까?

이돌은 점점 불안해졌습니다.

그때 앞서가던 막부장이 뒤돌아 이돌 얼굴을 빤히 쳐다봤어요.

"대사님 조카니까 하는 말이다만, 너는 책 천 권쯤은 줄줄 외겠지?"

이럴 땐 이돌도 머릿속이 어지러워지죠. 머뭇대며 대답을 못 하고 있는데 눌지가 대뜸 말을 잘랐어요.

"소문처럼 수기 대사가 그리 대단하우?"

막부장이 어이없어했어요.

"어라? 이놈 보게. 고려 사람 중에 수기 대사님을 모르는 놈이 있겠냐. 세 살배기도 대사님이 지은 불경을 외고 다니는걸. 헤헤."

눌지가 능청스레 웃으며 대꾸했어요.

"참말 대사는 천재여? 수만 권이나 되는 불경을 줄줄 다 외고 천문, 지리, 수학에다 중국, 몽골, 일본 말까지 술술이라대. 그걸 누가 믿어?"

눌지의 말에 막부장은 기가 막히다는 얼굴이었습니다.

"어이구! 요놈아, 세상에 저런 장경을 만들 수 있는 사람은 수기 대사님뿐이야."

눌지는 고개를 갸웃댔어요.

"에계계, 만들다니? 그 장경이란 게 금덩이가 아니었수?"

막부장이 눌지를 노려보며 주먹을 쥐었습니다.

"무식한 놈, 네가 대사님 댁 심부름꾼만 아녔어도 이 주먹을 날렸을 거야. 떽, 장경을 모르다니!"

장경이 뭔지 모르긴 이돌도 마찬가지였죠.

막부장은 '장경'을 말할 때마다 마치 소중한 걸 입에 오물거리는 듯했어요.

"장경은 말이다, 이 세상에 둘도 없는 보물이다. 세상천지 백성들을 살리는 말씀이지. 저 장경의 힘으로 몽골 놈들을 물리칠 거다."

눌지가 울상이 되어 펄쩍 뛰었어요.

"뭐여, 배에 황금, 보화가 잔뜩 쌓였다고 하던데? 오늘 사람들이 보물 구경하러 온 거잖우!"

막부장이 버럭 화를 냈어요.

"머저리 같은 놈! 고려 사람들이 그깟 금붙이에 눈이 멀겠냐? 몇 번을 말해야 알아듣냐? 배엔 장경이 실렸다고, 장경!"

눌지는 멍한 얼굴이 되었고 이돌은 어떻게 된 영문인지 아직도 몰랐습니다. 도대체 장경이란 게 뭘까?

수기 대사

막부장은 배에 오르자마자, 으스대며 소리를 질렀습니다.

"수기 대사님께 일러 주시게. 고려 신의군 제일 수비대장 막부장이 직접 조카님을 모시고 왔다네."

이돌은 수기 대사가 어떤 이인지 알 것 같았어요. 배 위에 스님 수십 명이 오갔거든요.

막부장이 이돌을 흘낏 보며 말했어요.

"야무 조카 덕분에 나도 대사님을 가까이서 뵙는구

나. 헤헤."

이돌 일행은 선실로 들어섰어요.

널찍한 방에서는 향냄새가 은은하게 풍겼어요. 한가운데 긴 탁자가 놓였는데 그 끝에 스님 한 분이 골똘히 책을 보고 있었죠. 대사라고 해서, 수염이 길고 늙은 스님이라 생각한 건 잘못이었어요. 작은 몸집에 비쩍 마른 얼굴, 짙은 눈썹이 위로 칼날처럼 솟았어요. 툭 불거져 나온 이마 아래 눈빛은 투명하게 맑았습니다.

수기 대사가 흰 천으로 책을 덮으며 입을 떼었어요.
"네가 야무로구나."

이돌은 수기 대사와 눈이 마주쳤을 때, 뭔가가 가슴 언저리를 뚫고 지나가는 것 같았습니다. 수기 대사는 가까이 오라는 듯 손짓을 했어요. 이돌이 쭈뼛거리며 다가가자, 수기 대사가 이돌의 머리에 손을 얹어 쓰다듬었어요.

수기 대사의 목소리가 젖어 들었습니다.

"갓난아기 적에 널 보았지. 형님이 전장에서 돌아가셨단 소식을 듣고 달려왔을 때, 네가 태어났단다."

이돌은 가슴이 아릿했어요. 야무 아버지는 싸움터에서 돌아가셨구나. 어떤 전쟁일까?

"형님을 꼭 빼다 박았구나. 어머니께서 뭘 보내셨다고?"

이돌은 품속에서 편지를 꺼내어 수기 대사에게 건넸어요. 수기 대사는 천천히 편지를 읽어 내려갔어요. 점점 눈시울이 붉어졌습니다.

"어머니를 뵌 지 십 년이구나. 그렇게 흘러 버렸어."

이돌은 여러 생각이 오갔습니다.

'이번 시간 여행은 왜 온 걸까?'

'장경은 뭐고, 이 수기 대사는 어떤 사람이지? 들어 본 적이 없어.'

그때였어요. 문 옆에 서 있던 눌지가 궤짝을 탁자

위에 올려놓으며 말했어요.

"큰마님께서 손수 지으신 떡이랑 식혜유. 꼭 직접 전해 드리라고 신신당부를 하십디다. 큰마님께선 지금쯤 이곳으로 출발하셨을 거유."

잔뜩 골이 난 모습이었어요. 장경이 금붙이가 아니란 소릴 들은 뒤로 그렇단 걸 이돌은 알았어요.

그릇을 탁자 위에 내려놓을 때마다 탁탁 부딪치는 소리가 울렸습니다. 막부장 얼굴이 붉으락푸르락해졌지만, 수기 대사는 눌지의 행동을 유심히 지켜보기만 할 뿐이었어요.

수기 대사는 소매를 걷어 올리더니, 손을 뻗어 떡을 집어 들었습니다. 그 모습이 어찌나 엄숙해 보이던지, 이돌은 숨을 꼴깍 삼켰어요.

수기 대사는 눈을 감고 떡을 한 입 베어 물었어요. 그 입술 사이로 깊은 한숨이 흘러나왔어요.

이돌은 이런 장면은 상상도 못 해 봤어요. 떡 하나

에 저런 표정을 짓다니……. 이돌은 엄마가 매일 차려 주는 밥을 먹으면서도 투정하기 일쑤였으니까요.

수기 대사가 눌지를 바라다봤어요.

"먼 데까지 짊어지고 오느라 고생했다. 네 이름이 무엇이냐?"

눌지는 여전히 볼멘소리였어요.

"눌지라우. 난 매일 땔나무 서너 짐씩 지는걸. 이건 아무것도 아니우."

반말이었지만 수기 대사는 아무렇지 않은 듯 대꾸했어요.

"몇 살이냐?"

"열일곱!"

수기 대사는 잠시 생각하더니 다시 말을 이었어요.

"우리 어머니를 모시고 산다는 그 아이로구나. 다 컸어."

"부모는 일찍 죽고 큰마님이 날 거두어 주셨쥬. 큰

마님 아녔음 난 벌써 뒈졌지."

눌지가 연신 험한 말을 내뱉자, 한쪽에 있던 막부장이 참지 못하고 나섰어요.

"참 나, 이렇게 막무가내인 놈도 없죠. 큰마님 밑에 있는 놈이 글쎄, 장경이 뭔지도 모르우다."

수기 대사가 껄껄 웃기 시작했습니다.

"하하, 모르는 걸 모른다고 해야 배울 수 있는 것이라오. 차차 깨달으며 알아 가면 바로 그게 부처님 말씀이오."

막부장은 애써 분을 삭이는 듯했어요.

"세상에, 고려 사람이 장경을 모른대서야 말이 되겠습니까? 이런 놈은 볼기짝을 때려서라도 가르쳐야 합지요."

막부장이 식식거리는 소리가 선실 안을 울릴 정도였어요. 이와 달리 수기 대사의 말투는 더없이 다정했어요.

"눌지야, 사람들이 이 배에 무엇이 있다 하더냐?"

눌지가 대답했어요.

"금은보화, 보물이 가득하다 했수. 난다 긴다 하는 도둑들이 벌써 바닷가에 진을 쳤수다."

수기 대사가 무릎을 치며 말했습니다.

"그래, 맞다! 하하하. 보물이지. 한데 도둑들이 탐낼 만한 금붙이가 아니니 어쩌느냐? 부처님 말씀을 새겨 적은 나무판자일 뿐이지."

이돌은 솔숲에서 눌지가 했던 말을 떠올렸어요.

'해가 저물면 저 배에 있는 보물은 내 거다.'

눌지는 여기서 무슨 일을 벌이려는 것일까? 장경이 금이 아니란 걸 알고부터 눌지는 실망하다 못해 잔뜩 성난 얼굴이 되었잖아요. 앞으로 뭔가 일이 벌어질 것만 같았습니다.

눌지는 입을 삐죽이며 대꾸했어요.

"그럼 그깟 나무판자를 보겠다고 저 밖에 사람들이

다 모여들었단 거유?"

수기 대사가 빙긋이 웃었어요.

"도둑 눈엔 한낱 나무 판때기이고 뭇 중생에겐 황금보다 값진 보물이지."

눌지가 혀를 찼습니다.

"얼렐레. 쳇!"

옆에 있던 막부장이 결국 눌지 등짝을 후려쳤어요.

"아둔한 놈아! 수기 대사님이 수십 년 걸려 만드신 장경이라고 했잖느냐!"

수기 대사는 손사래를 치며 막부장을 말렸습니다.

"아닐세. 틀린 말일세!"

팔만대장경

수기 대사가 이돌 쪽으로 고개를 돌렸습니다.

"야무야, 너는 장경이 뭔 줄 아느냐?"

이돌은 덜컥 겁이 났어요. 이번 시간 여행에선 난데없는 질문이 유난히 많아요. 아까 옷섶에서 편지를 꺼낼 때도 그렇고, 막부장이 책 천 권을 읽었냐고 묻기도 했잖아요. 이번에도 목이 절로 움츠러들었어요.

"모릅니다."

"모르는 건 부끄러운 게 아니라고 하지 않았느냐.

장경은 부처님 말씀이다. 부처님이 어떻게 살았고 어떻게 깨달음을 얻게 되었는지, 그 말씀을 나무 판에 새긴 거란다."

이때 이돌은 아까부터 내내 궁금했던 걸 말해 버렸어요.

"부처님 말씀이 왜 중요하죠?"

황당한 질문일 법도 했지만, 이돌에겐 수수께끼였어요. 한창 전쟁 중인데 부처님 말씀을 보물이라 하고 목숨보다 중요하게 여기잖아요.

수기 대사는 차근차근 대답했어요.

"우리 고려인이 부처님 말씀을 믿고 따른 지 어느덧 천 년이란다. 그런데 지난 수십 년간 이 땅은 전쟁터가 되었어."

그래요. 전쟁이라면 군사를 더 모으고 무기를 만들어야 하잖아요. 이돌이 이상하게 생각한 것도 바로 그거예요.

수기 대사의 말이 이어졌어요.

"지금 임금과 백성들이 이 섬으로 피난해 있지만, 많은 백성들과 군사들은 아직도 나라 곳곳에서 몽골군과 싸우고 있지. 한데 싸움은 칼과 활만으론 이길 수 없는 거란다. 장경을 만든 까닭이야."

섬? 여기가 섬이라고! 어떤 섬이지? 그리고 대체 몽골과의 전쟁은 뭐냐? 이돌은 역사를 너무 모르는 자신이 답답하기만 했어요. 하지만 이제 와 어쩔 수 없는 일이죠.

그때였어요.

병사 하나가 문을 열고 다급히 외쳤어요.

"대사님, 몽골군이 바다 건너편에 진을 쳤다는 보고입니다."

막부장은 서둘러 문을 박차고 나섰어요.

"하필 이런 날 몽골 놈들이냐!"

선실 안은 순간 얼어붙어 버렸어요. 수기 대사는 선

실 한쪽으로 가더니 들창을 들어 올렸어요. 창밖으로 바다 건너편이 가물가물 보였습니다. 저 멀리 모래 먼지가 가득 일고 수백 개도 넘는 깃발이 나부꼈어요.

이돌의 목소리가 떨렸습니다.

"몽골군이 이곳으로 쳐들어오는 건가요?"

문 옆에 잠자코 있던 눌지도 꽤나 놀란 얼굴이었어요. 그러나 수기 대사는 태연했어요.

"걱정 마라. 몽골군도 오늘 장경이 도착한 걸 아는 모양이다."

어쩜 저렇게 아무렇지도 않을 수 있을까?

배 갑판 위로 발걸음 소리가 분주했고 고함 소리도 섞여 들렸어요.

그럴수록 이돌은 가슴이 방망이질해 댔어요. 당장 이곳이 전쟁터가 될지도 모르잖아요. 더욱이 솔숲에서 들었던 말이 떠나질 않았어요.

'해가 바다에 닿을 때!'

눌지는 무슨 꿍꿍이가 있는 것일까?

이런 이돌의 속마음을 아는지 모르는지 수기 대사는 하던 말을 계속 이어 갔습니다.

"천 년 전부터 이름난 스님들이 부처님의 말씀을 책으로 써냈지. 매번 붓으로 옮겨 적기란 여간 힘들고 번거로운 일이 아니었단다. 쓰는 사람에 따라 잘못되거나 틀린 곳이 생겼지. 그래서 이렇게 나무 판에 새겨 장경으로 만드는 것이다. 야무야, 넌 장경의 나무 판이 몇 장인 줄 아느냐?"

"아뇨."

"팔만 천이백쉰여덟 장이다."

수기 대사가 '팔만'이라고 말했을 때, 이돌은 "아하!" 소리를 냈어요. '팔만?' 그리고 '장경'. 들어 본 이름이었습니다.

'국보 팔만대장경!'

수기 대사가 탁자 위 흰 천을 벗겨 냈어요.

"야무와 눌지는 보아라. 이것이 장경판이다."

책이라고 여겼던 것은 시커먼 나무판자였어요. 살펴보니 장경판에는 한자가 세로줄로 가지런히 새겨져 있었죠. 이제야 알 것 같았어요. 여기에 먹물을 묻혀 종이에 찍어 내는 거였습니다.

수기 대사가 이돌을 보며 말했어요.

"여기 나무 판에 글자를 하나하나 새긴 거란다. 글자 수만 오천이백삼십팔만 개가 넘지."

"그렇게 많은 글자는 상상이 안 돼요."

수기 대사의 목소리가 웅웅 울렸습니다.

"꼭 십육 년이 걸렸다. 우리는 몽골군을 피해 남쪽 끝 거제도에서 장경을 만들기 시작했지. 아름드리나무를 잘라 판을 만드는 데만 삼 년, 벌레가 먹거나 습기에 썩지 않도록 하기 위해서 바닷물에 삼 년, 가마솥에 쪄 그늘에 말리고 옻칠을 한 다음 거기에 한 자 한 자 글을 새긴 거란다. 나 혼자 이 어마어마한 일을

했겠느냐. 이 일을 한 이는 따로 있어."

그때였어요.

굵직한 목소리가 문 쪽에서 났어요.

"겸손한 말일세. 장경에 글자 하나하나 자네가 손수 쓰고 살피지 않았는가. 불경에 잘못된 곳을 고치고 바로잡는 일을 할 수 있는 이는, 이 세상에 수기 대사 자네뿐일세."

문을 다 가릴 만큼 큰 덩치예요. 머리엔 두건을 쓰고 얼굴엔 검은 수염이 덥수룩이 자라 있었어요.

수기 대사 얼굴이 환하게 밝아졌습니다.

"대목장이시군."

"밖에서는 몽골군이 쳐들어온다고 난리인데, 자넨 애들한테 장경 자랑하고 있나?"

대목장의 말에 짓궂은 장난기가 묻어 있었어요. 몽골군이 눈앞에 왔는데 말이에요.

수기 대사는 배시시 웃으며 대답했습니다.

"적어도 오늘은 아닐세."

"허허, 자네도 알고 있었군. 모르는 줄 알았지."

"대목장과 함께한 지 이십 년일세. 나를 모르나?"

"자네 속을 어찌 알까?"

어떻게 된 걸까? 수기 대사와 대목장은 몽골군을 조금도 걱정하지 않는 눈치였습니다.

두 사람의 장난스러운 대화를 들으면서 이돌도 차츰 마음이 가라앉았어요.

수기 대사가 다시 이돌을 돌아보았어요.

"야무야, 팔만 장이나 되는 장경에 일일이 글자를 새겼다 했지? 저 어른이란다."

대목장은 수염을 손으로 쓸어내리며 겸연쩍어했습니다.

"그런 말 말게. 어지러우이. 고려 목수들이 한 일이지. 수백 명 목수들이 손에 피가 흐르고 살점이 떨어져 나가도 나무 판에 부처님 말씀을 새겼어. 난 목수들을 좀 가르친 것뿐일세. 그나저나 조카가 왔다더니, 이 아이인가 보네그려."

대목장이 이돌의 어깨에 손을 얹었습니다. 이돌은 전에도 크고 두툼한 이런 손을 본 적이 있어요.

장군의 손! 두툼하고 상처투성이였어요.

수기 대사가 대목장의 손을 잡고는 이돌과 눌지를 번갈아 보았습니다.

"자, 잘 보아라. 장경을 만든 위대한 손이다."

이돌이 용기를 내어 말했어요.

"저는 아직도 그렇게 힘든 일을 왜 했는지 잘 모르겠어요."

수기 대사가 이돌의 눈을 마주 보며 말했어요.

"언젠가 너도 깨닫는 날이 올 거다."

맑고 투명한 눈빛이 이돌 가슴을 훑고 지나는 듯했어요.

수기 대사의 말이 계속 이어졌습니다.

"고려 백성들은 어서 전쟁이 끝나고 평화로운 세상이 되길 간절히 바라고 있지. 부처님이 말씀하시는 그런 세상 말이다. 그런 마음이 이 장경에 담긴 거란다."

그러곤 수기 대사는 한 손을 들어 눌지를 가리키며 말했습니다. 다음 순간 모두 얼어붙어 버렸어요.

"저 아이가 선실에 들어설 때 나는 금세 알아봤다네. 한데 아버지가 자식을 몰라보는군. 대목장! 자네 아들, 눌지일세."

이돌은 깜짝 놀랐어요. 대목장이 눌지의 아버지라고? 눌지는 아버지가 돌아가셨다고 하지 않았던가?

어찌 된 일일까?

아버지와 아들

늘지가 번쩍 고개를 들었어요. 놀란 눈으로 대목장을 쳐다보았고, 대목장은 쓰러질 듯 탁자를 움켜잡고 서 있었어요.

늘지가 더듬대며 말했습니다.

"아버지는 십오 년 전에 돌아가셨다고 했수. 바다에 빠져서……."

수기 대사의 말소리가 선실 안에 낮게 울렸습니다.

"맞다. 그때 네 아버지 대목장이 탄 배가 침몰했지.

대목장은 어린 너를 보고 오는 길에 몽골군에 쫓기었단다. 배가 깨지고 삼백 명의 목수 중에 아흔 명만 살아남았다. 몽골군이 나, 수기 목숨뿐만 아니라 대목장을 죽이려고 첩자를 보내던 시절이었지. 난 대목장이 죽었다는 소문을 내기로 했다. 팔만대장경을 완성할 때까지만 그러자고 대목장에게 부탁을 했던 거다. 대목장이 없으면 대장경을 완성할 수 없으니까. 이렇게 된 건 다 내 탓이다."

어느새 대목장이 달려와 눌지를 얼싸안았습니다.

둘은 엉엉 소리를 내어 울기 시작했어요.

"가여운 놈, 널 하루도 잊은 적이 없구나."

"아버지!"

이어 아버지와 아들의 울음은 곡소리로 바뀌었어요. 이돌도 온몸이 찌릿하더니 어느새 눈물을 흘리고 있었어요.

얼마쯤 되었을까?

창으로 노을빛이 발갛게 비쳤습니다. 저녁이 되어 가고 있었습니다.

갑판 쪽에서 젊은 스님이 들어와 일렀어요.

"대사님, 몽골군이 더는 움직이지 않습니다. 장경을 옮길 준비를 마쳤고 임금께서도 도착하셨다 합니다."

수기 대사가 말했어요.

"알았다. 몽골군이 우리 장경을 구경하러 마중까지 나왔으니, 인사를 해야지. 잠시 기다려라."

이돌은 일이 어찌 돌아가는지 알 수 없었어요. 몽골군이 별안간 바다 건너편에 진을 친다더니, 이젠 인사를 한다고?

수기 대사가 눌지에게 말했어요.

"눌지야, 네게 진 빚을 어찌 갚을꼬? 이제 네 일을 마무리해야 하지 않겠느냐."

응? 눌지에게 할 일이라니?

이돌은 짚이는 게 있었어요. 소나무 숲에서 들었던

목소리와 눌지가 했던 말 때문이었습니다.

갑자기 눌지가 수기 대사 앞에 무릎을 꿇었어요.

"대사님께 드릴 말씀이 있수. 내가 죽일 놈이우."

대목장이 놀라 말했어요.

"그게 무슨 말이냐, 눌지야?"

수기 대사의 목소리는 아까와는 달리 서늘할 만큼 차가웠어요.

"너는 방 안에 들어설 때, 샅샅이 살피더구나. 금은 보화라도 있을 줄 알았겠지. 해가 점점 기울면서 눌지 넌 두 번이나 궤짝에 손을 얹었다. 궤짝에서 식혜와 떡을 꺼냈지만 그건 위 칸이었고 아래 칸은 열지 않았지. 시간이 지날수록 너는 망설이더구나."

눌지의 입술이 덜덜 떨렸어요.

"보물선이라 들었쥬. 부모도 없는 나는 고려가 어서 망하길 바랐수. 보물 챙길 욕심만 냈던 거유."

수기 대사의 말은 담담하면서도 왠지 무서웠어요.

"하나 넌 더는 움직이지 않더구나. 만약 네가 그 궤짝을 들고 몰래 이 방을 나섰다면 나는 당장 칼을 빼 들었을 거다."

이돌은 수기 대사의 말을 곱씹었어요. 무슨 말인지 알아들을 순 없어도 뭔가 엉킨 실타래를 풀고 있었어요. 마치 탐정들이 실마리를 푸는 것처럼요.

눌지는 결국 울먹이며 말했어요.

"난 도둑이고 반역자요. 당장 죽여 주시우."

수기 대사는 눌지를 일으켜 세우며 말했어요.

"대목장의 아들이 험한 말을 입에 담느냐. 네게 보여 줄 것이 있다."

하고는 성큼성큼 방을 나섰습니다.

갑판 위에 커다란 나무 궤짝들이 층을 이루어 쌓여 있었어요. 장경판이 든 궤짝이었습니다. 배마다 궤짝들이 가득했어요.

그때 막부장이 투덜거리며 갑판 위로 올라왔어요.

"젠장, 싸움을 벌일 것도 아니면서 몽골 놈들이 진을 치고 난리래."

수기 대사가 대꾸했어요.

"내가 말릴 틈도 없이 나가더니 헛걸음했네그려. 몽골군은 싸움을 걸러 온 게 아닐세."

"그걸 어찌 아십니까?"

"쳐들어올 거였으면, 전함이 수백 척은 있어야 할 터인데, 나루가 비어 있지 않던가?"

"제 말이 그 말입니다. 대사님은 그걸 단번에 아셨구먼요."

막부장은 입을 쩝쩝 다시며 몽골군 쪽에 대고 욕지거리를 날렸습니다.

수기 대사는 바닷가 쪽 산을 둘러보며 말했어요.

"이제 장경을 옮기기 전에 마지막 할 일이 남았네."

막부장이 어리둥절해하며 물었어요.

"이미 준비는 끝났다고 하셨잖습니까?"

수기 대사가 말했어요.

"아직 한 가지 일이 남았다오. 막부장, 자네가 할 일이라네."

무슨 일일까? 수기 대사는 모두에게 장경판 궤짝에서 열 걸음 떨어져 있으라고 했습니다. 그러곤 술병 하나를 궤짝 위에 올려놓았죠. 그건 궤짝에 있던, 식혜를 담은 병이었습니다.

그때 이돌의 눈에 술병 너머 바다가 보였어요. 해가 바다 위로 막 기울고 있었습니다.

'앗, 해가 바다에 닿을 때!'

이윽고 외치는 소리가 들렸어요. 눌지였어요.

"대사님! 아니 되우!"

눌지가 병을 향해 뛰어 나갔어요. 하지만 수기 대사가 더 빨랐어요. 잽싸게 눌지를 막아섰으니까요. 그 이유를 아는 데는 단 몇 초도 걸리지 않았습니다.

슝!

휘리릭!

휘파람 소리 같은 게 들렸어요. 섬 쪽 산기슭에서 불꽃 하나가 꼬리를 그리며 바다를 가로지르더니, 떵 소리를 내며 궤짝에 박히는 것이었습니다.

불화살!

화살은 연달아 날아왔어요. 세 번째 화살이 쨍그랑 소리를 내며 술병에 명중했어요.

막부장이 방패를 들고 나서며 소리쳤어요.

"웬 놈이냐!"

수기 대사는 오히려 차분했습니다. 마치 이런 일을 짐작했다는 듯이.

"대장경을 두려워하는 자들이지. 몽골 첩자일 걸세. 막부장! 자네가 할 일이 남았다지 않았나. 산으로 뒤쫓아 봐야 늦을 걸세. 놈들은 벌써 배를 향해 도망치고 있을 테니. 자네는 빠른 배를 타고 가서 북쪽 바다

길목을 지키고 있게나. 조류를 타고 그쪽으로 도망칠 게야."

말이 끝나기가 무섭게 막부장은 달려 나갔습니다.

눌지가 바닥에 엎드려 울부짖은 건 그때였습니다.

"누르개는 도둑패 두목이우. 나한텐 그냥 병을 잘 보이는 곳에 올려 두기만 하라고 했수. 그러면 비단과 황금을 주겠다고. 나는 고려가 죽을 만큼 싫었수. 차라리 몽골군에 망하는 게 낫다 여기며 살았쥬. 죽여 주시우!"

대목장의 얼굴이 일그러졌죠.

"흐흑, 아들 대신 나를 벌하게."

수기 대사가 고개를 저으며 말했어요.

"무슨 그리 섭섭한 말씀을 하시오. 술병 하나만 깨졌을 뿐인걸. 덕분에 골칫거리 첩자를 잡겠군. 누르개란 자는 나한테 접근할 수 있는 이들을 수소문하여 조카 야무와 눌지를 찾아냈을 겁니다. 눌지는 아버지를 원망하며 살았잖소. 대목장이 죽었다고 소문낸 이는 나요. 거꾸로 내 탓이 크다오."

눌지의 얼굴은 눈물로 얼룩져 있었어요.

"나 때문에 소중한 대장경을 불태울 뻔하였수다."

수기 대사가 대답했어요.

"내가 그리 허술하게 대비했을 줄 아느냐. 네가 떡과 식혜가 든 궤짝을 열었을 때 다 알았다. 유황 냄새가 진동을 하더군. 네 검지와 엄지는 유황 때문에 노랗게 되었더구나. 누르개는 궤짝 아래쪽에 있던 병을 해 질 녘 여기 얹어 놓으라고 했을 테지. 그 병엔 유황으로 만든 화약이 들어 있었고 그게 깨졌다면 배는 장경과 함께 불탔겠지. 그렇지만 저 깨진 병은 위 칸에 있던, 식혜가 든 병이다. 몽골군은 불구경을 원했을 텐데, 대신 팔만 장이나 되는 장경 행렬을 보겠구나."

이돌은 이제야 의문이 풀리는 듯했어요. 그렇지만 한 가지만은 남았죠.

"해 질 때 불화살을 쏜다는 걸 어떻게 아셨어요?"

이돌의 물음에 수기 대사는 고개를 저었어요.

"몰랐지. 그냥 어둑해질 때 불구경이 좋겠다 여긴 거지."

이돌은 고개를 끄덕였고 엎드려 있던 눌지가 말했어요.

"난 장경이 그리 소중한 물건인 줄은 미처 몰랐수."

수기 대사는 눌지를 일으켜 세우며 말했습니다.

"눌지, 너는 아까 아무 짓도 안 하더구나. 눌지도 이제 저 장경이 왜 고려의 보물인지 깨닫기 시작한 거다."

그러면서 배 아래에서 기다리고 있는 스님들과 병사들을 향해 장난스럽게 외쳤어요.

"자, 장경을 옮기세. 아이고, 많이도 만들었다. 무려 팔만 장이나 된다고. 허허."

얄리얄리 얄랑셩

 수기 대사는 정말 이 모든 것을 꿰뚫고 있었을까요?
 모릅니다. 이돌은 눈앞에서 벌어진 일들이 놀라울 따름이었어요.
 눌지가 아버지를 만난 것이며, 대목장과 고려 목수들이 그 오랜 세월 장경을 만들어 낸 일도 그러했습니다. 그리고 솔숲에서 들었던 수수께끼 같은 목소리의 정체도.
 몽골의 첩자 누르개와 몽골군!

더군다나 수기 대사는 눌지를 보고 한눈에 앞으로 벌어질 일들을 짐작한 겁니다.

'수기 대사는 어디까지 알고 있는 것일까?'

해가 뉘엿뉘엿 지고 있었어요.

바닷가에서는 눈부신 장관이 펼쳐졌습니다. 성벽 위와 그 주위에 고려 사람이 다 나와 있는 듯했어요. 사람들은 줄지어 바닷가로 나와 장경판을 들고 옮겼습니다. 사내들은 지게에 장경판 궤짝을 하나씩 지고 갔고, 아주머니들과 노인들도 하나씩 들었죠. 소와 말이 끄는 수레에도 궤짝이 실렸습니다. 팔만 장이나 되는 장경판을 오늘 밤, 선원사라는 절로 옮긴다는 것입니다.

그렇게 바닷가에서 시작된 사람들의 줄은 산을 넘고 들판을 지나 긴 행렬을 이루었어요.

고려 사람들은 흥얼흥얼 노래를 불렀습니다.

얄리얄리 얄랑셩 얄라리얄라

이돌은 알아들을 수 있는 말이 이뿐인 게 아쉬웠습니다.
노래가 울려 퍼지고 장경을 옮기는 행렬!
이돌이 한창 이 장엄한 광경에 홀려 있을 때였어요.
"이돌!"
어디선가 이돌을 부르는 소리가 들렸습니다.
이돌?
이돌은 깜짝 놀라 소리가 나는 쪽을 바라보았어요. 그랬더니…….
웬 여자아이가 달려오고 있었어요.
치마저고리를 입고 있는데, 긴 머리에 눈물 콧물 자국으로 꾀죄죄한 얼굴이에요. 처음엔 누군지 알아보지 못했어요. 고려에서 '이돌'을 찾다니, 그럴 수 있는 건 단 한 사람?

점점 다가오는 모습에 이돌의 입이 점점 벌어졌어요. 자야를 닮았거든요.

여자아이는 이돌에게 화부터 냈어요.

"엉엉, 이 멍청아, 나 혼자 놔두고 가면 어쩌냐!"

분명 자야였어요. 언제 왔을까?

"자야……, 네가 어떻게?"

이돌은 말을 잇지 못했어요.

자야가 이돌을 두 팔로 와락 안았어요. 몸을 파르르 떨고 있었고, 이돌은 옴짝달싹할 수 없었습니다.

"네가 온 줄은 몰랐어."

"이 바보야! 내가 얼마나 무서웠는 줄 아냐! 빨리 집에 가고 싶어."

이돌은 돌아갈 때가 되었다는 걸 알았죠. 그런데 어떻게 돌아가지? 아직 돌멩이를 찾지 못했는데…… 하며 땅바닥을 살필 때였어요.

옆에서 귀에 익은 말소리가 들렸습니다.

"이것이 필요할 게다."

수기 대사였어요. 손바닥 위에 노란빛이 나는 돌멩이가 있었습니다.

이돌의 목소리가 떨렸어요.

"대사님은 다 알고 계셨나요?"

대사가 말했어요.

"네가 내 조카이기도 하지만 아주 먼 곳에서 여행을 온 아이라는 것쯤은 알고 있었지. 왜 이 여행을 하는지는 오직 너만이 알게 될 거야."

이돌은 노란 돌멩이를 쥐었습니다.

순간 노랫소리가 아련히 멀어지고 이돌과 자야는 노을빛 속으로 사라졌어요.

야무와 꼬순이

다시 초록 대문 앞이었어요.

자야는 맥없이 땅바닥에 털썩 주저앉아 가쁜 숨을 몰아쉬었습니다. 더러웠던 얼굴도 깨끗해져 있어요.

이돌이 먼저 말을 꺼냈어요.

"거짓말이 아니지? 어때?"

자야의 대답은 엉뚱했어요.

"이돌! 거기서 내 이름이 뭐였는 줄 알아?"

"난 야무였는데."

"쳇, 난 꼬순이. 뭐, 그런 이름이 다 있냐."

자야는 골목을 다 빠져나올 때까지 아무 말도 하지 않았어요.

이돌은 집으로 돌아와 '수기 대사'에 대한 자료를 찾아보았습니다.

팔만대장경을 만드는 동안 총지휘를 했다고 알려진 스님. 그러나 언제 태어나 어떻게 살았는지 기록은 남아 있지 않다.

이돌이 갔던 섬이 강화도였단 것도 알았습니다. 몽골군이 쳐들어왔을 때, 그곳으로 피난을 갔던 거예요. 그렇지만 수수께끼 같은 의문이 꼬리를 물었어요.

'수기 대사는 돌멩이와 나의 존재를 알고 있었어!'

| 역사의 한 순간 |

1951년 8월 한국 전쟁이 한창일 때야.
우리 공군 비행대에 긴급 명령이 내려져.
"경남 합천 해인사, 북한군 집결. 폭격하라!"
이어 공군 비행기 넉 대가 해인사 상공에 떴어. 그런데 해인사를 내려다보던 편대장 김영환 대령은 폭격 명령을 거부해.
유엔 작전 사령부로 불려 간 대령은 그 이유를 이렇게 말하지.
"해인사는 팔만대장경이 보관되어 있는 곳이오. 영국은 일찍이 '셰익스피어는 인도와도 바꿀 수 없다.' 했소. 나에게 저 해인사 팔만대장경은 영국과 인도를

둘 다 준다 해도 바꿀 수 없는 보물이오."

당시 미군 장교는 존경의 뜻으로 "당신 같은 장교를 둔 대한민국은 행운이오." 하며 경례를 했대.

그게 끝이 아니었어. 폭격 거부 소식을 들은 대통령 이승만은 노발대발하며 당장 대령을 총살하라고 했지. 공군 참모 총장이 나서서 '팔만대장경을 왜 보존해야 하는지' 설득한 뒤에야 대령은 총살만은 피할 수 있었어.

'팔만대장경은 우리에게 그토록 대단한 보물일까? 조금은 알 것 같은데 더 공부하고 생각해 봐야겠어.'

김기정

나고 자란 곳은 충청북도 옥천, 1500년 전 백제와 신라가 한창 싸움을 벌인 한가운데죠. 어른들이 말하는 옛이야기와 산기슭 곳곳에 남은 산성의 돌무더기를 보면서 역사를 되새기곤 했습니다. 천 년 전 역사가 지금의 나와 이어져 있다는 것도 알게 되었죠. 그동안 《바나나가 뭐예유?》, 《해를 삼킨 아이들》, 《네버랜드 미아》 같은 동화를 써 왔고, 종종 《우리 신화》, 《음악이 세상을 바꿀 수 있을까?》 같은 책도 냈습니다.

장경혜

서울에서 나고 자랐습니다. 어렸을 때부터 서툴게나마 낙서하는 것을 좋아했는데 어쩌다 보니 이렇게 역사책에 그림을 그리는 한 순간을 맞이하게 되었네요. 역사에 대해 잘 아는 것은 아니지만, 잠시나마 책 속 주인공인 이돌의 마음이 되어 함께 모험을 한다는 기분으로 그림을 그렸습니다. 그동안 그린 책으로 《둥근 해가 떴습니다》, 《똥배 보배》, 《도깨비 감투》, 《우리 동네 미자 씨》 등이 있습니다.

역사의 한 순간 • 우리 역사에서 가장 중요했던, 바로 그 순간의 역사 현장으로 떠나는 시간 여행!

수상한 글자를 만나다 | 세종 대왕 편 |

세종 대왕은 왜 한글을 만들었을까? 그리고 한글 창제를 끝까지 막으려 했던 사람들은 도대체 누구였을까? 주인공 이돌이 초록 문을 지나 도착한 시간은 세종이 밤낮없이 한글 창제에 매달리고 있던 순간이었다. 그곳에서 한글 창제에 결사반대하는 최 교리와 맞닥뜨리는데…….

책씨앗 이달의 추천도서 | 고래가숨쉬는도서관 겨울방학 추천도서

거대한 줄다리기 | 이순신 편 |

단 열세 척의 배로 133척의 왜군을 무찔렀던 위대한 역사, 명량 대첩이 벌어졌던 바로 그 순간으로 역사 여행을 떠난 이돌. 알 수 없는 자객을 따돌리며 도착한 바닷가 작은 마을에서 겪은 일은 뜻밖에도 이상한 줄다리기 시합이었는데…….

네 발의 총소리 | 김구 편 |

'뭔가 빠뜨린 것 같은데……?' 아쉬운 발걸음을 떼며 건물을 나서던 순간 들려온 네 발의 총소리! 눈빛이 매서운 남자를 피해 겨우 집으로 돌아왔지만 컴퓨터에서 마주한 역사적 사실에 이돌은 눈물을 멈추지 못하는데…….

나무에 새긴 간절한 희망 | 팔만대장경 편 |

보물을 가득 실은 배가 들어온다는 소식에 사람들은 모여들고, 무언가 비밀을 숨긴 눌지를 따라 배에 오른 이돌. 그곳엔 뜻밖에도 글자가 새겨진 팔만 장의 나무 판이 있었다. 그리고 바다 건너편에서 갑자기 수백 개의 깃발이 나부끼는데…….

총칼로 빼앗을 수 없는 것 | 조선어 학회 편 |

이돌이 도착한 곳은 온통 일본 말이 가득한 거리였고, 그곳에서 만난 장 선생은 열심히 우리말을 모으는 중이었다. '말을 모은다고?' 도대체 무슨 말인지 알 수 없었던 이돌은 가방에 가득 담긴 종이 뭉치 때문에 위험에 빠지게 되는데…….

• 역사의 한 순간 시리즈는 계속 출간될 예정입니다.